GARFIELD

PAR
JIM DAVIS
© PAWS

poids lourd
5

© 2013 Presses Aventure pour l'édition en langue française
© 2013 PAWS, Inc. Tous droits réservés.

Garfield et les autres personnages Garfield sont des marques déposées ou non
déposées de Paws, Inc.

Presses Aventure, une division de
LES PUBLICATIONS MODUS VIVENDI INC.
55, rue Jean-Talon Ouest, 2ᵉ étage
Montréal (Québec) H2R 2W8
CANADA
www.groupemodus.com

Éditeur : Marc Alain
Designer graphique : Émilie Houle

Bandes tirées des livres *Album Garfield #11* (2006), *Album Garfield #12* (2006), et *Album Garfield #13* (2005)
publiés par Presses Aventure en version française et traduits de l'anglais par Jean-Robert Saucyer.

Auteur des blagues des pages 96, 97, 214 et 215 : Benoît Roberge

Contenu des pages 32, 33, 64, 65, 186 et 187 tiré du livre *Garfield en profondeur* (2005)
paru sous le titre original *Garfield's Guide to Everything* et traduit de l'anglais par Carole Damphousse.

Contenu des pages 152 à 159 tiré du livre *Les Histoires mystérieuses de Garfield (2006)*
paru sous le titre original *Garfield's Tales of Mystery* et traduit de l'anglais par Jean Beaumont.

Dépôt légal — Bibliothèque et Archives nationales du Québec, 2013
Dépôt légal — Bibliothèque et Archives Canada, 2013

ISBN 978-2-89660-579-8

Nous reconnaissons le soutien financier du gouvernement du Canada par l'entremise
du Fonds du livre du Canada pour nos activités d'édition.

Gouvernement du Québec — Programme de crédit d'impôt pour l'édition de livres — Gestion SODEC

Imprimé en chine

CHOSE TERRIBLE QUE L'INSOMNIE

JE SUIS LÀ, ALLONGÉ, ÉVEILLÉ

EN PLEIN APRÈS-MIDI!

DEBOUT!

HUM...

SLAP! SLAP! SLAP! SLAP! SLAP! SLAP!

GARFIELD! QUE SE PASSE-T-IL?

DEPUIS QUAND LA CHOUCROUTE EST-ELLE AU FRIGO?

PROFITONS DE CE QUE GARFIELD NE SOIT PAS LÀ. JE N'AURAI PAS À LUI VERSER DU LAIT

LA FILLE ÉTAIT FAVORABLE-MENT IMPRESSIONNÉE

PAR MA CLASSE ET MON RAFFINEMENT

PUIS JE ME SUIS APERÇU QUE J'AVAIS ENFILÉ MON SLIP PAR-DESSUS MON PANTALON

BOF!

CHIC! TU AS PRÉPARÉ MON PETIT-DÉJEUNER

QU'EST-CE QUE C'EST?

VOICI UN INDICE

MMMM...

QU'EST-CE QUI A SIX PATTES ET QUI NE PEUT NAGER DANS LE JUS D'ORANGE?

VOICI ARLÈNE QUI VIENT. ELLE EST FOLLE DE MOI

PAS BESOIN DE RAMPER AINSI DEVANT MOI, ARLÈNE

5-1

VOICI ARLÈNE QUI VIENT. RENTRONS LE VENTRE ET BOMBONS LE TORSE

IDIOT, TU T'ES ENCORE TROMPÉ!

5-2

ARLÈNE, MA JOLIE, GRIMPONS SUR LA CLÔTURE ET MIAULONS EN CHŒUR

PRENDS UNE DOUCHE FROIDE, EMPOTÉ!

5-3

PSSCCCCHH!

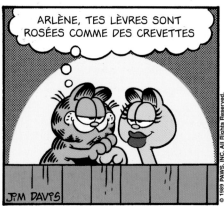

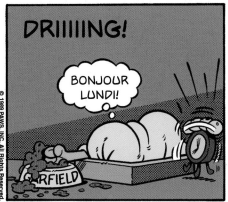

HUE! ESPÈCE DE BOURRIQUE!

DROIT AU CORRAL, PONEY D'OPÉRETTE!

SATANÉE PORTE À BATTANT!

5-11

VOICI LA LISTE DES CHOSES PRÉCÉDANT LE DODO

Couvertures
Bouffe
Ourson
Réveil

GARFIELD

COUVERTURES?... SI!
BOUFFE?... SI!
OURSON?... SI!
RÉVEIL?...

GARFIELD

HOUP-LÀ

GARFIELD

5-12

KLONG!
KLONG!
KLONG!

KLONG!
KLONG!
KLONG!
KLONG!
KLONG!
KLONG!

5-13

KLONG!

TU AS OUBLIÉ LE KETCHUP DE LA LISTE D'ÉPICERIE, ODIECUS!

QUESTIONS ET RÉPONSES

POURQUOI LES CHATS SONT PARESSEUX?

LE POINT DE VUE DES CHATS

POURQUOI FAUT-IL LES AIDER?

LE POINT DE VUE DES CHATS

POURQUOI DÉTESTENT-ILS LES CHIENS?

LE POINT DE VUE DES CHATS

POURQUOI LES CHATS SONT-ILS VANITEUX?

LE POINT DE VUE DES CHATS

JIM DAVIS 5-14

Z

CHIC! DES JUJUBES!
J'ADORE LES JUJUBES!

JIM DAVIS   5-21

SLURP!

La nuit était noire dans les bas-fonds...

Une affaire urgente, un rendez-vous avec le destin...

LES ENTREPÔTS

Une odeur fétide s'échappait de l'entrepôt. Je savais ce que j'avais à faire...

Il fallait ouvrir cette porte...

Coûte que coûte...

C'est alors que je l'aperçus...

Heu!

J'étais à un poil de mes débuts d'acteur dramatique

IL FAUT CHOISIR LE BON APRÈS-RASAGE

QUI, DOUBLÉ DE MA PERSONNALITÉ, FERA TOMBER LES FEMMES

TU DEVRAIS ESSAYER LE CHLOROFORME!

J'AI EMMENÉ LILI EN MONTAGNE

NOUS AVONS BU À UN RUISSEAU CRISTALLIN

UNE SANGSUE M'A MORDU AU FRONT

LES CRIS ONT FUSÉ, J'IMAGINE

VAS-TU ENFIN TE LEVER AUJOURD'HUI, GARFIELD?

JON, JON, JON

TU NE COMPRENDS PAS. DORMIR EST UN ART...

AUSSI, NE VIENS PAS PERTURBER LE PROCESSUS CRÉATIF, D'ACCORD?

24

"BOING" "BOING" "BOING" "BOING"

JE ME DEMANDE OÙ IL A PRIS CES RESSORTS

OH!

JIM DAVIS

6-8

ZUT! LA TÉLÉCOMMANDE NE FONCTIONNE PAS!

CLIC CLIC CLIC CLIC

LA TÉLÉ EST BRISÉE, GARFIELD

TIENS! LIS UN PEU POUR CHANGER

ZUT! LES PAGES NE TOURNENT PAS

CLIC CLIC CLIC

DÉJEUNER, GARFIELD!

Z

GARFIELD

POUF!

JIM DAVIS 6-10

IL EST IRRÉCUPÉRABLE

Z

GARFIELD

Z

J'AI PEINE À CROIRE QUE J'AURAI ONZE ANS DEMAIN

L'HEURE EST VENUE DE LEVER MES VIEUX OS

D'ABORD, LES ORTEILS

CRAC 'CRAC 'CRAC CRAC CRAC CRAC

PUIS, LES GENOUX, LES BRAS

CRAC CRAC CRAC CRAC

LES JOINTURES, ENFIN LE COU

CRAC CRAC CRAC CRAC CRAC CRAC CRAC CRAC CRAC

CRAC

UN ANNÉE DE PLUS, UN CRAQUEMENT DE PLUS!

JIM DAVIS   6-18

GARFIELD
À PROPOS DES BOLLÉS

On les nomme également accros du net, fanatiques, pauvres types ou imbéciles. Mais un bollé, si on le nommait autrement, serait seulement un inadapté social.

Où trouve-t-on un bollé? Généralement dans le sous-sol de la maison de sa mère; ou au magasin qui vend des bandes dessinées; ou portant des oreilles de Vulcain en plastique au congrès local de *Star Trek*.

Je suis un expert de ces étranges extra-terrestres d'allure humaine. Après tout, mon maître, Jon Arbuckle, est un bollé. En fait, il est «Bollézilla», le roi de tous les bollés. Le vendredi soir, il prendrait plaisir à yodler vêtu d'un kilt en conduisant un monocycle.

Mais ce ne sont pas tous les bollés qui sont des perdants (comme Jon). Certains peuvent devenir des accros accomplis du net (comme le milliardaire Bill Gates). Les abrutis offrent des services valables : ils donnent quelqu'un à battre aux joueurs de football.

FAÇONS DE VOUS IDENTIFIER À UN BOLLÉ

- «N'avons-nous pas combattu ensemble auparavant dans un tournoi de donjons et dragons?»

- «Hé, poupée! Que dirais-tu si ma mère nous conduisait au magasin de bandes dessinées?»

- «Tu es tellement belle... J'aurais aimé avoir une figurine articulée de toi.»

- «Je voudrais que nous allions plus tard, ensemble, chercher un mélange d'esprit vulcain.»

LES GENS ME DEMAN-DENT POURQUOI JE JOUE DE L'ACCORDÉON.

SAIS-TU CE QUE JE LEUR RÉPONDS?

PARCE QUE JE SUIS NÉ À L'ÉPOQUE DU BOOGIE WOOGIE!

IL A ÉTÉ ABAN-DONNÉ QUAND IL ÉTAIT ENFANT ET ÉDUQUÉ PAR DES BOLLÉS.

JIM DAVIS 3-2

VOUS PENSEZ QUE JOUER DE L'ACCORDÉON VOUS DONNE UNE APPARENCE RECHERCHÉE.

À L'ÉCOLE, ON VOUS A SURNOMMÉ « LE PLUS SUSCEPTIBLE DE MARIER UN ÉLECTROMÉNAGER ».

VOUS POSSÉDEZ UNE GRANDE COLLECTION DE PANTOUFLES EN FORME DE LAPIN.

LE DERNIER CD QUE VOUS AVEZ ACHETÉ ÉTAIT « LE MEILLEUR DE L'HARMONICA ».

VOUS AMENEZ VOTRE MÈRE À VOTRE BAL DE FIN D'ÉTUDES.

VOUS IDENTIFIEZ PAR COULEUR VOS TIROIRS DE CHAUSSETTES.

WOUF! WOUF! WOUF! WOUF! WOUF!

HUM... WOUF WOUF WOUF WOUF

WOUF! WOUF! WOUF! GRR! WOUF! WOUF!

«TA MÈRE A DES PUCES» EN LANGAGE DE CHIEN

7-6

COMMENT DÉFINIR LA RÉUSSITE? EST-CE LA FORTUNE ET LA NOTORIÉTÉ? OU SIMPLEMENT L'ESTIME DE SOI? POUR MOI, IL S'AGIT D'AMÉLIORER LE SORT DES HUMAINS

COMMENT DÉFINIS-TU LA RÉUSSITE, GARFIELD?

PARVENIR À BOUFFER VINGT PIZZAS SANS VOMIR

JE NE T'ENTENDS PAS, MAIS C'EST TOUT COMME...

HÉ! ODIE! NA, NA, NA, NAAAA, NAAAAA

SLURP!

VET

SUIVANT

LA BALLERINE ENTRE EN SCÈNE SUR LES POINTES

LE GYMNASTE TERMINE UNE PIROUETTE COMBINÉE AVEC LE SAUT PÉRILLEUX

NOUS VOICI AU MOMENT CRUCIAL DU TRIPLE SAUT

LE MARTEAU-PIQUEUR DÉFONCE TRENTE CM DE BÉTON

HÉ! GARFIELD!

POURQUOI NE FAIS-TU PAS RONRON COMME LES AUTRES CHATS?

TU MÉRITES MIEUX QUE CELA

GARFIELD, NOUS PARTONS AUJOURD'HUI POUR LA FERME!

BIEN. JE SERAI DEHORS

À DÉGONFLER LES PNEUS DE L'AUTO

BOZO! COMMENT VAS-TU?

NE M'APPELLE PAS BOZO!

NAVRÉ! HUM... QUEL ÉTAIT TON AUTRE SOBRIQUET?...

OH! SI! COMMENT VAS-TU GENCIVES D'IGUANE?

BOZO IRA

C'EST PAISIBLE ICI

ÇA L'A TOUJOURS ÉTÉ ET LE SERA TOUJOURS. RIEN N'EST PRÉCIPITÉ ICI. NAN!

LES GARS! À TABLE!

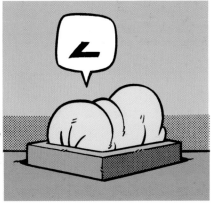

JE REMBOURSERAI LE HAMBURGER QUE VOUS M'OFFRIREZ AUJOURD'HUI

JIM DAVIS   7-23

BIP BIP
BIP BIP

ALLÔ!

OUILLE!

ÇA VAUT VRAIMENT LE COUP!

ALORS, CA VA?

JE NE MAÎTRISE PAS ENCORE LA TECHNIQUE

7-27

DÉPRIMÉ PAR TES RIDES, GARFIELD?

SACHE QUE LES RIDES SONT LES TRACES DE CHACUN DE TES SOURIRES PASSÉS

LE RIRE A TENU UNE GRANDE PLACE DANS TA VIE

OH! LA FERME!

7-28

Z

TCHAC

ZINNNG!

PARTIE SANS DIRE BONJOUR!

7-29

JE CROIS QUE LE PLAN SUPÉRIEUR DES CHOSES NOUS ÉCHAPPE

UN SOIXANTE-QUATRIÈME DE CM DEPUIS HIER SOIR, GARFIELD!

FÉLICITATIONS, JON!

SES ONGLES D'ORTEILS POUSSENT À UN RYTHME D'ENFER!

7-31

GARFIELD, JE NE PEUX PLUS TE FLATTER, J'AI DES CRAMPES AUX MAINS

BON

POUF!

J'ADORE LA GRANDE CUISINE, GARFIELD!

SI ÇA NE GROUILLE PAS, J'EN MANGE!

8-2

J'EXERCE MA CRÉATIVITÉ

SI ÇA GROUILLE UN PEU, J'EN MANGE!

JE NE PARVIENS PAS À INSÉRER LE FOIE DANS LE PARIS-BREST

TANT PIS! SI JE PEUX L'ATTRAPER, JE L'AVALERAI!

MANGER OU NE PAS MANGER? LA QUESTION NE SE POSE PAS. IL EST PLUS NOBLE DE VIDER L'ASSIETTE AFIN DE MIEUX LA REMPLIR

JIM DAVIS

8-13

QUEL TRISTE JOUR QU'UN LUNDI!

GARFIELD, NOUS PARTONS EN CAMPING!

LA MORT LENTE PLUTÔT QUE LE CAMPING!

BELLE JOURNÉE POUR SE RENDRE À LA CAMPAGNE, NON?

NOUS DEVRIONS FAIRE PLUS DE CHOSES EN FAMILLE

BONNE IDÉE! PARTAGEONS UN PUISSANT VOMITIF!

À QUOI SERT CETTE PETITE MANETTE?

CRIIIIIIIIIIIIIII
TONC

GARFIELD, LAISSE LE FREIN À MAIN

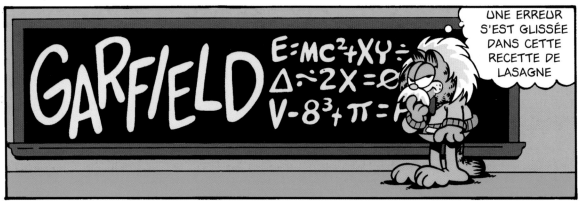

GARFIELD
À PROPOS DU SOMMEIL

Dormir : nous le faisons tous; certains d'entre nous le font mieux que d'autres. Moi, je suis un maître praticien… J'ai obtenu un Ph. D. dans le ZZZZZ. (C'est tellement facile, je peux le faire les yeux fermés).

Je ne fais pas seulement une sieste de chat; j'hiberne. (Dormir représente les dix-huit meilleures heures de ma journée.) J'aime faire 240 clins d'œil. Je ne dors pas comme une bûche, je dors comme un séquoia.

Dormir d'un sommeil bienheureux… quelle façon naturelle de s'évader.

C'est la meilleure défense contre les matins et la façon parfaite de perdre une journée. C'est également le contenu des rêves. Je peux faire montre d'enthousiasme et glorifier ses vertus, mais je sens qu'une attaque de sieste s'en vient. Je pense que c'est le temps d'un dodo.

VOUS SAVEZ QUE VOUS RÊVEZ LORSQUE...

Ils ont choisi les « dix personnes les plus sexy » et c'est toujours vous.

JE VOUDRAIS ME REMERCIER MOI, MOI, MOI, MOI ET ENCORE MOI, ET LA PLUPART DE VOUS TOUS, MOI.

Vous devez jeter des personnes dans le donjon.

GRAND-MAMAN N'AIME SIMPLEMENT PAS ÇA.

Ils annoncent que le chocolat est un aliment diète.

De l'argent, on en a jusqu'aux oreilles...

PUIS, IL AURAIT FALLU QUE CE SOIT DES SOUS NOIRS.

J'AI PEINE À LE CROIRE. DEUX SEMAINES AVEC JON ET ODIE DANS CE BLED PERDU

8-28

SI JE NE RENCONTRE PAS BIENTÔT QUELQU'UN D'INTÉRESSANT, JE VIRE FOU!

ALORS, MADAME LA ROCHE, QUELLES NOUVELLES?

JIM DAVIS

VA VOIR S'IL Y A DES OURS, GARFIELD

POURQUOI PAS?

8-29   JIM DAVIS

NON... PAS D'OURS DANS LES PARAGES

SEULEMENT DES PUMAS!

HÉ ODIE! GOÛTE À CETTE GUIMAUVE GRILLÉE!

JIM DAVIS

SLURP!

JE HAIS VRAIMENT LE PLEIN AIR!

8-30

NOUS NOUS SOMMES AMUSÉS MÊME S'IL A PLU PENDANT DEUX SEMAINES, NON?

SPLASH!

JE L'AVOUE, J'AI OUBLIÉ DE REMONTER LA VITRE

SAVEZ-VOUS DE QUOI J'AI ENVIE APRÈS DEUX SEMAINES EN CAMPING?

D'UNE DOUCHE BIEN CHAUDE

SI JE ME FIE À L'ODEUR, VOUS DEVRIEZ EN PRENDRE UNE VOUS AUSSI!

AMUSANT, LE CAMPING, NON?

SI SEULEMENT NOUS POUVIONS CAMPER UN SOIR DE PLUS!

CELA PEUT S'ARRANGER

CLIC

À DEMAIN!

C'EST L'HEURE DE LA GYMNASTIQUE! COMMENÇONS PAR SOULEVER LA JAMBE... PRÊTS? ALLONS-Y!

ET UN ET DEUX ET...

CLIC

DEUX!

AU SECOURS!

JE SUIS POURSUIVI PAR UN SERPENT À FOURRURE!

JE NE VOIS QUE TA QUEUE, GARFIELD

MA QUEUE? TIENS DONC!

JE NE VOIS PLUS RIEN! AIDEZ-MOI!

LA COUVERTURE TE COUVRE LES YEUX, GARFIELD

JE LE SAVAIS

PARFOIS, CE PETIT M'INQUIÈTE

GARFIELD, IL FAIT CHAUD ET HUMIDE AUJOURD'HUI. LES CONDITIONS SONT IDÉALES. ALLONS-Y!

JE M'INSTALLE AUX PREMIÈRES LOGES

SILENCE, JE VOUS PRIE. NOUS REGARDONS LE LINOLÉUM SE DÉCOLLER

VOULEZ-VOUS RELEVER UN REPAS TERNE?

VIDEZ VOTRE BOL SUR LA TABLE

ET SAUTEZ À PIEDS JOINTS!

WHAM! WHAM! WHAM

TU ES SURMENÉ, GARFIELD

LES GENS FONT PLACE AU CHANGEMENT QUAND ILS EN ONT RAS-LE-BOL

PRENEZ JON, PAR EXEMPLE!

ÇA LUI APPRENDRA À FAIRE UN SOMME

NOTRE EXPÉRIENCE CHERCHE À DÉCOUVRIR SI LES CHIENS ATTERRISSENT SUR LEURS PATTES

BLOING

JE N'AIME PAS MANGER AU LIT

IL DOIT Y AVOIR UN FACTEUR PSYCHOLOGIQUE EXPLIQUANT CELA

OU PEUT-ÊTRE EST-CE PARCE QUE JE SUIS COUCHÉ SUR MA FOURCHETTE?

PARFOIS, J'AIME ME LEVER TÔT ET ACCOMPLIR MES BESOGNES

AARRRGGH!

COMME DE POSER LE BAC À LITIÈRE À CÔTÉ DU LIT DE JON

MON ESPRIT ME COMMANDE DE ME GROUILLER, PUIS MON CORPS S'ESCLAFFE DE RIRE

ICI, ODIE!

ODIE A UNE CARACTÉRISTIQUE BIEN PARTICULIÈRE...

PROUF!

CE N'EST PAS ÇA

PROUF!

ÇA, C'EST PARTICULIER!

9-24

JIM DAVIS

TIENS! ON DIRAIT QUE TU AS AVALÉ TA LANGUE CE MATIN!

JUSTEMENT, JE N'AI RIEN AVALÉ POUR CAUSE DE RÉGIME!

JE CROYAIS QUE LES RONDOUILLARDS ÉTAIENT DES GENS JOVIAUX

ILS SOURIENT DE N'ÊTRE PAS AU RÉGIME

ALLONS! SOURIS!

PUISQUE TU INSISTES!

EN VERTU DU RÉGIME, JE N'AI DROIT QU'À UN BÂTONNET DE CAROTTE

JON PRÉTEND QU'UN RÉGIME PEUT ÊTRE SOURCE D'AGRÉMENT

À MOINS QUE CETTE CHOSE NE DANSE LE MAMBO, JE RISQUE D'ÊTRE DÉÇU!

LORSQUE VOUS APPRÊTEZ UN POULET, FAITES EN SORTE...

... DE DIMINUER LE GASPILLAGE

CES BECS FERONT DE JOLIS RONDS DE SERVIETTES

COMME COUPE-FAIM, ON NE FAIT PAS MIEUX!

NOUS DEVRIONS FAIRE DISPARAÎTRE TOUS LES ALIMENTS CONTENANT DU CHOLESTÉROL

BONNE IDÉE!

10-2

ZIP

TU AS TOUT BOUFFÉ CE QUE CONTENAIT LE FRIGO!

NE ME REMERCIE PAS, JON. J'AI LE SENS DU DEVOIR!

JE ME FAIS DU SOUCI POUR JON

IL A TANT BESOIN DE COMPAGNIE QU'IL PARLE À N'IMPORTE QUI

10-3

MÊME AUX RÉPONDEURS TÉLÉPHONIQUES!

VOUS AVEZ UN BIP EXQUIS!

LES HOMMES SANS GOÛT PORTENT DES CRAVATES AVEC CLIPS

10-4

JON PORTE DES COSTUMES AVEC CLIPS

PARFAIT!

JIM DAVIS

10-12

SNIF
SNIF
SNIF
SNIF

JIM DAVIS 10-13

FLOP

TRÈS DRÔLE, GARFIELD! JE NE CROIS PAS QUE TON OURSON PUISSE PATINER!

TU DISAIS?

JIM DAVIS 10-14

POURQUOI LES LIONS NE JOUENT-ILS PAS AU BASEBALL?

PARCE QU'ILS FRAPPENT TOUJOURS DES FOSSES BALLES.

TOC, TOC, TOC. QUI EST LÀ? LILLIE! LILLIE QUI?

LILLIPUTIEN, VOTRE PETIT VOISIN!

À QUOI GARFIELD RÊVE-T-IL QUAND IL DORT?

QU'IL EST COUCHÉ SUR UN LIT DE POMMES DE TERRE.

TOC, TOC, TOC. QUI EST LÀ? HUBERT! HUBERT QUI?

HUBERLINGO DE LAIT, L'AMI RICHE EN CALCIUM!

QU'OBTIENT-ON EN MÉLANGEANT UN OURS AVEC UN CADRAN?

WINNIE L'OURS-SONNE!

POURQUOI LES SOURIS ONT-ELLES DES PROBLÈMES FINANCIERS ?

PARCE QU'ELLES SONT SOUVENT DANS LE TROU.

POURQUOI LA MOUCHE À FEU REMPORTE-T-ELLE TOUS LES TESTS DE Q.I. ?

C'EST UNE VRAIE LUMIÈRE.

TOC, TOC, TOC.
QUI EST LÀ ?
KIWI.
KIWI QUI ?

KIWI JE LE VEUX, MARIONS-NOUS !

COMMENT APPELLE-T-ON UN COCHON QUI A PERDU LA BOULE ?

UN COCHON DINGUE.

TOC, TOC, TOC.
QUI EST LÀ ?
RAT.
RAT QUI ?

RAPIDE, LE ROI DE LA COURSE.

MONTE, GARFIELD! PAPA NOUS CONDUIT AU VILLAGE POUR Y VOIR LE NOUVEAU POTEAU

J'AI EU SUFFISAMMENT D'EXCITATION POUR LA JOURNÉE, MERCI!

APRÈS L'INSPECTION MATINALE DES RACCORDS DE TUYAUTERIE

11-9

MAMAN! IL Y A UNE SOURIS BLANCHE DANS MA CHAMBRE!

PAPA! BOZO! VENEZ VITE!

11-10

ELLE EST BIEN BLANCHE!

ELLE DOIT ÊTRE ALBINOS!

IL LEUR FAUDRAIT LA TÉLÉ

C'EST TRÈS RARE!

MERCI, MAMAN. NOUS NOUS SOMMES...

JE T'AI PRÉPARÉ QUELQUES VICTUAILLES

C'EST GENTIL. PEUT-ÊTRE UN PEU...

PAPA!

HÉ BOZO! LE QUARTIER DE BŒUF IRA DANS LE COFFRE!

11-11

BONG!

WHAM!

EUF

C'EST UN DIMANCHE MOROSE ET CALME, HEIN GARFIELD?

TU PARLES

J'AI SOUDAIN ENVIE DE CHANTER LE BLUES

CHIC!

L'AMOUR EST MORT, MI AMOR, IL EST SIX PIEDS SOUS LA PELOUSE, JE N'AI PLUS RIEN, MI AMOR, N'AI RIEN D'AUTRE QUE LE BLUES

HÉ! TOI, MA JOLIE! VEUX-TU ME CONSOLER?

TOI?! LE BLUES?! ENGONCÉ DANS TA CHEMISE EN OXFORD BLEU POUDRE, DANS TON COQUET PAVILLON DE BANLIEUE, TU SAIS PAS CE QU'EST LE BLUES!

OH LÀ LÀ! ON ENVIE MA RÉUSSITE!!!

C'ÉTAIT UN DIMANCHE MOROSE ET CALME

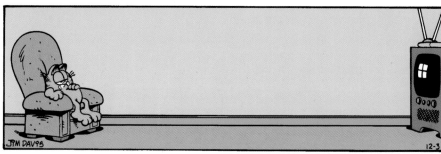

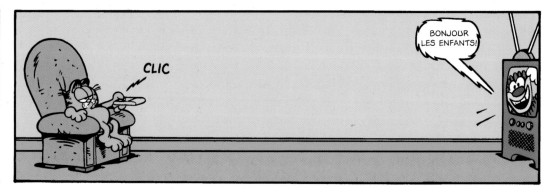

5-4-3-2-1

12-4

AHHHHH!

LE VIEUX TRUC DU POIL DE CHAT SUR LA BROSSE À DENTS RÉUSSIT À TOUT COUP

REMARQUES-TU QUELQUE CHOSE DE CHANGÉ, GARFIELD?

HUMMM???

SERAIT-CE LE VISAGE DE CLOWN QUE J'AI BARBOUILLÉ PENDANT QUE TU DORMAIS?

JE PORTE UNE CHEMISE NEUVE!

QUEL PIÈTRE OBSERVATEUR JE FAIS!

12-5

PAS DE COURRIER, AUJOURD'HUI

GARFIELD, AS-TU ENCORE MOLESTÉ LE FACTEUR?

T'EN FAIS PAS

12-6

IL REVIENDRA CHERCHER SON PANTALON

VILAIN MOINEAU!

LA FÊTE!

QUE DÉSIRES-TU VRAIMENT POUR NOËL, GARFIELD?

CE QUE JE DÉSIRE VRAIMENT, C'EST...

... EUH! DIFFICILE D'EMBALLER DES HEURES DE SOMMEIL, NON?

DE LA BOUFFE? J'EN REÇOIS À L'ANNÉE

J'AI MON OURSON, MON LIT ET UNE MAISON...

... ET MES AMIS

12-24

CE QUE JE VEUX VRAIMENT? UNE SECONDE PORTION DE TOUT CELA!

NOUS Y VOICI! LE JOUR DE L'AN!

CÉLÉBRONS À LA MANIÈRE DE GARFIELD!

Z

POUF!

QU'EST-CE QUI T'A POUSSÉ À FAIRE CELA?

LES CACHE-OREILLES, JE CROIS

BIENVENUE À "LA VÉRITÉ EST PLUS BIZARRE QUE LA FICTION"

LE RÉCIT QUI SUIT EST ABSOLUMENT VÉRIDIQUE

SAUF, BIEN ENTENDU, POUR LES CHOSES QUE NOUS AVONS CHANGÉES AFIN DE LES RENDRE PLUS INTÉRESSANTES

J'ADORE LA TÉLÉ!

QUOI DE NEUF, GARFIELD?

EUH, KING KONG EST SUR NOTRE TOIT ET ABAT DES AVIONS, LA PLANÈTE EST SOUS LE JOUG DE MARTIENS QUI SE REPAISSENT DE CERVELLE HUMAINE

MAIS, SURTOUT MA GAMELLE EST VIDE!

VEUX-TU LE RESTE DES CÉRÉALES?

TU VIENS DE MANGER UNE DOUZAINE DE BEIGNES, SIX CRÊPES, UN DEMI-KILO DE JAMBON ET UN LITRE DE LAIT

VIENS-EN AU FAIT!

VOIS, JON! J'AI NETTOYÉ MA GAMELLE!

J'AI TOUT MANGÉ. ES-TU FIER DE MOI?

J'AI AUSSI BIEN NETTOYÉ TON ASSIETTE. ÇA T'IMPRESSIONNE AUTANT?

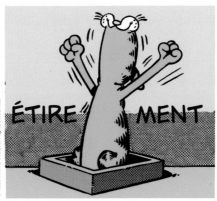

VVRRRRRRRRRRR

GARFIELD, AS-TU VU MON AIGUISOIR ÉLECTRIQUE?

JPM DAVIS

1-18

NOUS MENIONS UNE VIE AGRÉABLE À LA FERME

LE VOILÀ REPARTI!

LA BRISE D'ÉTÉ QUI FAISAIT ONDOYER LES CHAMPS DE BLÉ

PUIS SONT VENUES LES LOCUSTES

CHOUETTE, UNE FIN HEUREUSE!

JPM DAVIS 1-19

JON CROIT QUE JE VAIS TOMBER DANS LE PANNEAU POUR UN SIMPLE SANDWICH AU FROMAGE GRILLÉ

JPM DAVIS

QUEL ESPÈCE DE GLOUTON IDIOT CROIT-IL QUE JE SUIS?

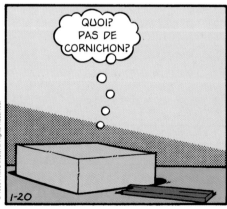

QUOI? PAS DE CORNICHON?

1-20

EUF

QUELLE HEURE PEUT-IL ÊTRE?

VOYONS UN PEU LA GRANDE AIGUILLE EST SUR LE SOL ET LA PETITE SE TROUVE SOUS LE CANAPÉ DANS LE SALON, ALORS...

VOICI QUI PLAIRA À GARFIELD

NOUS VERRONS

UN BEAU COUCHER DE SOLEIL

ET UN BISCUIT

BIEN PARLÉ!

VOUS ARRIVE-T-IL DE NE PAS TROUVER LE SOMMEIL?

JON AUSSI

Le secret de l'hippopotame glissant

– C'est gentil à vous, M. Nash, de nous faire visiter le musée à Garfield et à moi, dit Jon au conservateur adjoint du musée d'histoire ancienne.

– En vous voyant manier maladroitement votre carte, j'ai pensé que vous auriez peut-être besoin d'aide, répondit M. Nash. D'ailleurs, j'adore montrer notre collection, en particulier nos artéfacts égyptiens. Vous intéressez-vous à l'égyptologie ?

– Égypte-quoi ? demanda Jon.

– Égyptologie. C'est l'étude de l'Égypte antique. Des gens très intéressants, les Égyptiens de l'Antiquité. Saviez-vous qu'ils vénéraient les chats ?

– Tout le monde ne le savait-il pas ? demanda Garfield.

– Ils ont construit les pyramides, bien sûr. Et ils écrivaient avec ces dessins appelés hiéroglyphes.

M. Nash leur montra une tablette en pierre sur laquelle étaient gravés des dessins minuscules disposés en rangées.

– Voici la pièce de la collection que je préfère, dit M. Nash, désignant un petit hippopotame bleu. Il est âgé de presque quatre mille ans.

M. Nash retira l'hippopotame de sa cage en verre.

Voudriez-vous le tenir dans vos mains ?

– Oh ! je ne pourrais pas, répondit Jon.

– Nous ne laissons pas n'importe qui le manipuler, lui chuchota M. Nash. Mais vous semblez si intéressé.

Jon avança les mains avec précaution pour saisir la figurine. Puis soudainement, l'hippopotame se retrouva dans les airs. Jon plongea pour l'attraper, mais l'objet lui glissa entre les doigts et se brisa en mille morceaux sur le plancher !

– Qu'avez-vous fait ? hurla M. Nash. Gardien ! Gardien !

– Ce n'est pas ma faute ! s'exclama Jon.

– J'espère que cet hippopotame est couvert par une garantie de quatre mille ans, dit Garfield.

Un gardien accourut vers eux.

– Cet homme a tenté de voler un objet antique inestimable, dit M. Nash. Menez-le au bureau du conservateur. Suivez-moi.

– Quoi ? Il s'agit d'une erreur ! protesta Jon tandis que le gardien l'amenait avec lui.

– Comment est la nourriture en prison ? demanda Garfield au gardien.

M. Stimson, conservateur en chef du musée, était assis derrière son bureau. M. Nash lui fit part avec colère de l'hippopotame brisé.

– Arbuckle, dit M. Stimson, cet objet que vous avez essayé de voler devait faire partie d'une exposition très importante organisée par un musée de New York. Maintenant, il est en pièces. Et vous, vous avez de gros ennuis.

– Mais… mais…, bégaya Jon.

– Messieurs, dit Garfield, mon client plaide non coupable pour cause de stupidité.

– Mais je n'allais pas le voler ! lâcha Jon. M. Nash m'a demandé si j'aimerais le tenir dans mes mains.

– Des sottises ! fit M. Nash sur un ton brusque. J'étais en train de préparer l'hippopotame pour l'exposition quand vous vous en êtes emparé subitement.

– Objection ! dit Garfield pour l'interrompre. Le témoin profère un mensonge !

– Et regardez l'hippopotame maintenant, continua M. Nash en tenant un sac en plastique contenant les morceaux de l'objet brisé.

– J'appelle la police, dit M. Stimson.

– Attendez ! dit Garfield. Il sauta sur le bureau et arracha le sac en plastique des mains de M. Nash.

– Hé ! fit M. Nash. Rapporte ça ici !

Garfield déversa aussitôt les fragments de poterie sur le bureau de M. Stimson.

– Il est juste un peu abîmé, dit Garfield.

Avec frénésie, il se mit à essayer de remettre l'hippopotame en un seul morceau.

– Que se passe-t-il ici ? demanda M. Stimson.

Rapidement, Garfield réussit à assembler deux fragments qui allaient ensemble ainsi que les éléments graphiques à leur surface.

– Vous voyez ? Ce sera aussi beau que du neuf , dit Garfield. On peut même lire les hiéroglyphes.

– Il ajouta un morceau à l'ensemble.

Personnellement, je pense que ces fractures donneront à l'objet un peu plus de caractère, continua-t-il.

Soudain, il se figea.

Il fixa du regard les fragments qu'il tenait dans ses pattes.

– Jon, tu es sauvé ! s'exclama Garfield. Si cet hippopotame n'a pas de prix, alors je suis l'oncle d'une momie !

M. Stimson examina les morceaux que lui présentait Garfield.

– Nash, cet hippopotame est-il celui que M. Arbuckle a laissé tomber accidentellement ?

– Naturellement.

– Mais cet hippopotame est un faux !

– Impossible ! dit M. Nash avec brusquerie.

– C'est vraiment un faux, dit Garfield. Regardez, les caractères ne sont pas des hiéroglyphes, mais des lettres.

Jon regarda de près les trois fragments.

– Quand on les met ensemble, on peut lire « Taïwan ». Qu'est-ce que cela veut dire ?

– Cela signifie que l'hippopotame a été fabriqué à Taïwan et non par un Égyptien de l'Antiquité, répondit M. Stimson. Il s'agit d'une reproduction provenant de la boutique de cadeaux du musée.

– Quelqu'un doit l'avoir substitué à l'original, supposa M. Nash.

– Évidemment, dit M. Stimson. Pourquoi ne vous en êtes-vous pas aperçu ?

– Eh bien, je…, commença M. Nash.

– Vous avez retiré vous-même l'hippopotame de sa cage de verre, dit M. Stimson en l'interrompant. Vous avez bien dû voir qu'il s'agissait d'un faux. Expliquez-vous, Nash.

M. Nash fit un pas en direction de la porte.

– Pas si vite ! cria Garfield.

Il sauta dans le dos de M. Nash, qui tomba de tout son long.

M. Nash poussa un gémissement.

– J'abandonne. Hier, j'ai laissé tomber par accident l'hippopotame original. J'ai alors paniqué et l'ai remplacé par un faux.

Mais je savais que l'on découvrirait le subterfuge au cours de l'exposition au musée. J'ai alors décidé de m'arranger pour que quelqu'un brise la reproduction. De sorte que personne ne pourrait me soupçonner d'avoir mis en pièces l'original. J'ai choisi M. Arbuckle comme victime, car il a l'air si maladroit.

– Sans parler qu'il est crédule, dit Garfield.

M. Nash fut amené par le gardien. M. Stimson s'excusa auprès de Jon pour tous les ennuis qu'on lui avait causés.

– Vous avez de la chance que votre chat ait identifié ce faux, dit-il à Jon.

– En vérité, Garfield n'est pas facile à duper, répondit Jon.

– Comme on dit, Jon, fit observer Garfield, on peut toujours tromper certaines personnes… mais que l'on ne tente jamais de berner un chat !

LES AUTRES CHATS SE PROMÈNENT EN TROTTINANT

TU NE TROTTINES JAMAIS

TU TE MEUS MOLLEMENT

UNE FAIBLESSE AUX GENOUX

J'AI AJOUTÉ QUELQUE CHOSE À MON NOM...

ET JE CROIS QUE CELA ME SERVIRA BIEN...

NOUS AVONS NOS LETTRES DE NOBLESSE?

FAIS LE PLEIN!

GARFIELD HORACE III

NOUS PARTONS POUR LE LAC, GARFIELD!

JE HAIS LE LAC

LA VOILE!

LA DERNIÈRE FOIS, J'AI AVALÉ UN CRAPAUD

LA PÊCHE!

J'AI EU DES VERRUES SUR LA LANGUE

ENFIN! UN AIMANT DE FRIGO À MA MESURE!

Z

LE DÉVISAGER JUSQU'À CE QU'IL SE RÉVEILLE NE FONCTIONNE PAS

Z

Z

WHAM WHAM WHAM

LUI FLANQUER DES COUPS DE QUEUE NE DONNE AUCUN RÉSULTAT

IL FAUT DONC PRENDRE LES GRANDS MOYENS

Z

HÉ! ODIE!

TU SAIS QUOI FAIRE, VIEUX

WOUF

JIM DAVIS   3-18

LA TRUFFE FROIDE DANS LE DOS NE RATE JAMAIS!

POUAH! UNE ARAIGNÉE!

CETTE BOMBE D'INSECTICIDE FERA L'AFFAIRE

BONG BONG BONG

TE RENDS-TU COMPTE QUE JE SUIS TON MEILLEUR AMI?

OH! NON!

QU'EST-IL ADVENU DU LIVREUR DE PIZZA?

HA! HA! TU RESSEMBLES À UN ESQUIMAU, GARFIELD!

SORS DU FRIGO!

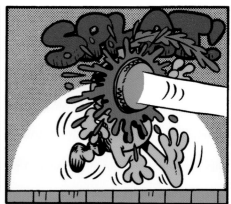

VOIS, GARFIELD! J'AI COMMANDÉ MON PORTRAIT

OÙ SONT LES FLÉCHETTES?

DEVRAIS-JE LUI DIRE QU'UNE ARAIGNÉE GRIMPE À SON PANTALON?

DEVRAIS-JE LUI DIRE QU'UNE ARAIGNÉE GRIMPE À SA CHEMISE?

AAAAAAH!

LE PROBLÈME NE SE POSE PLUS!

OUF! J'AI TROP MANGÉ! TU VOIS CE QUE JE VEUX DIRE?

JE SUPPOSE QUE NON

VAS-TU LÉCHER TON ASSIETTE?

VOILÀ QUE JE FAIS DE L'EMBONPOINT, GARFIELD!

FAIS-MOI PLEURER

JE CROIS QUE NOUS DEVONS FAIRE LE RÉGIME ENSEMBLE

«VENTRE AFFAMÉ N'A PAS D'OREILLES»?

«UN MALHEUR NE VIENT JAMAIS SEUL»

TA FAMILLE NOUS REND VISITE?

GARFIELD, NOUS SOMMES AU RÉGIME. PAS TOUCHE À LA BOUFFE D'ODIE!

GLOUGLOU

GRRRrR

DUEL D'ESTOMAC

J'AI GAGNÉ

GARFIELD, À TABLE!

SLURP

ENLÈVE CETTE COUVERTURE!

SLURP

GARFIELD SERA ÉMOUSTILLÉ À LA VUE DE MON TABLIER!

HÉ! GARFIELD!

LAISSE TOMBER!

QUOI!?

BONJOUR, GARFIELD!

BONJOUR!

TU DOIS EN BOIRE MOINS

J'ACCEPTE AVEC PLAISIR MA IIe TASSE DE CAFÉ!

PAUVRE JON

IL ESPÉRAIT EMPORTER LE MARATHON...

MAIS IL A FLANCHÉ EN LAÇANT SES BASKETS

GARFIELD

GRRRR

HEUREUX QU'IL Y AIT UN LAVABO!

NOUS AVONS BIEN RIGOLÉ

MERCI DE TA VISITE, MOLLUSQUE

TOUJOURS AGRÉABLE DE RETROUVER UN VIEIL AMI

AU REVOIR ET... OÏNK! OÏNK! OÏNK!

JIM DAVIS 4-29

BOUGA! BOUGA! BOUGA!

YOUP! YOUP! YOUP!

TAP TAP TAP

ALTLA! ALTLA! ALTLA!

OUIDA! OUIDA! OUIDA!

OUGA! OUGA! OUGA!

YOUPI! YOUPI! YOUPI!

TAGADA TSOIN TSOIN!

JE HAIS LES LONGS ADIEUX

SUIS-JE BÊTE?

OÙ AI-JE LA TÊTE, CE MATIN?

L'INSOUCIANCE DE JON ME CAUSE DU SOUCI

JIM DAVIS 4-30

JON SORTI, JE SUIS INQUIET

JIM DAVIS 5-1

INQUIET DE LE VOIR RENTRER!

GARFIELD, JE ME FAIS DU SOUCI À TON SUJET

JE SAIS QUE TU DÉTESTES TE LEVER

MAIS LYNCHER LE RÉVEILLE-MATIN?

JE NE GUILLOTINE QUE DEMAIN

JIM DAVIS   1-16

« MINCE ET AGILE »

« LA PRESTESSE DES RÉFLEXES DU CHAT EN FAIT UN FORMIDABLE CHASSEUR »

C'EST LA MORTE-SAISON, COMPRIS?

MIGNON DE VOIR UN CHATON FRAPPER GAIEMENT UNE PELOTE DE LAINE

« MIGNON » N'EST PEUT-ÊTRE PAS LE MOT JUSTE

BAM
BAM
BAM
BAM

« S'IL EST AGITÉ, LE CHAT FAIT LE GROS DOS ET SIFFLE »

OUAIS, TU PARLES!

D'ORDINAIRE, J'ENVOIE UN FAX BIEN SENTI

GRATTE
GRATTE
GRATTE

RONRON
RONRON
RONRON

COMMENT DÉMARRER UN CHAT

QUELQUE CHOSE POUR TOI, GARFIELD

UNE SOURIS BOURRÉE D'HERBE-AUX-CHATS!

PRENDS MES MESSAGES

ÇA, PAR EXEMPLE! QUEL JOLI CHATON!

MIAOU!

TOUT DOUX, MON BEAU!

MIAOU!

PIQUÉ SON CHEWING-GUM!

PRÊT?

CLIC
WHIRRRRRRRR

WHIRRRRRRRR

UN JOUR, NOUS AURONS UNE VRAIE MOTO

ET UNE VRAIE VIE

JIM DAVIS 3-24

GARFIELD
À PROPOS DE SHAKESPEARE

Lorsqu'il s'agit d'écrivains, William « La barbe » Shakespeare est un poids lourd (quelque chose que j'apprécie). Ce géant de la littérature a laissé sa marque en rédigeant des pièces de théâtre, des poèmes et des sonnets comme Wilt Chamberlain, « The Stilt » qui a marqué des points et des rebonds et qui a eu des amies de cœur.

Il y a 400 ans, Shakespeare a écrit des choses qui sont toujours utilisées couramment dans la langue d'aujourd'hui. En fait, il a utilisé plus de 1 500 mots et expressions comprenant, entre autres, les mots « vomir » et « chiot », lesquels, je suis certain, ont été créés ensemble. (Le chat d'Hamlet a vomi lorsqu'il a vu le nouveau chiot.)

Chacun connaît probablement une ligne de Shakespeare. En effet, qui ne connaît pas le fameux : « Être ou ne pas être »…, « Les bons comptes font les bons amis ». Ces citations proviennent de *Hamlet* (une pièce de théâtre au sujet d'un prince danois qui commit un impair royal lorsqu'il décida d'acheter un chiot).

Le monde entier est une scène… et j'ai fait un Shakespeare de moi-même plusieurs fois au cours des années, en créant mes propres lignes à partir de citations remarquables :

GARFIELD
À PROPOS DE LA CHIRURGIE PLASTIQUE

La chirurgie plastique… ce n'est plus seulement à Hollywood ! L'Amérique est au cœur d'une obsession de l'apparence, M. Tout-le-monde et plus souvent Mme Tout-le-monde allant jusqu'aux extrêmes pour passer de vilain petit canard à cygne gracieux (ou, à tout le moins, à petit canard gracieux).

Personnellement, je suis le genre à surprendre avec mon ensemble Frankenstein. Lifting du front, liposuccion, blanchiment de la peau, injections de Botox… puis une transplantation de la tête ? Bien sûr, c'est facile pour moi de le dire : je suis un modèle de chat sexy. Je m'aime comme je suis.

Cependant, je respecte également les droits des autres personnes de modifier leur apparence comme elles le désirent. L'Amérique est une terre de liberté et la maison des jolies minettes ; alors, si vous voulez vous éclater et vous réinventer, c'est votre prérogative. Mais regardons les choses en face. Certains visages nécessitent un peu de travail : une chirurgie de la langue pour Odie, des touffes de cheveux pour Ziggy, remodelage du bec d'Opus – pour n'en nommer et n'en calomnier que quelques-uns. En ce qui me concerne, je passerai mon tour, merci. La seule chose de moi qui passera au couteau est mon T-bone de seize onces !

Garfield

JIM DAVIS 3-31

HÉ! POSE ÇA, SINON, JE ...

SINON, QUOI? UN GESTE ET LE BEIGNE DISPARAÎT! SI TU CROIS QUE JE PLAISANTE, VAS-Y!

JE VAIS RECULER LENTEMENT, À PRÉSENT. SI TU TENTES DE ME SUIVRE, TU POURRAS DIRE «ADIOS» À TON COPAIN!

VLAN!

IL ABSORBE TROP DE SUCRE

MIAM! MIAM!

HÉ!

N'EST-CE PAS TOI QUI A ÉCRASÉ MON BEAU-FRÈRE?

OUI

MERCI!

Monsieur,
Au nom de tous les amoureux des araignées, nous désirons dénoncer vivement le traitement brutal que vous réservez à nos sœurs et frères arachnéens.

Les araignées sont nos amies.
Les araignées...

SMACK

OH! OH! VOICI VENIR CE GROS POTIRON. IL VAUT MIEUX FAIRE LE MORT.

PLOUP!

JIM DAVIS 4-6

QUE PERSONNE NE BOUGE! J'AI PERDU UN VERRE DE CONTACT!

SMACK!

K·K·K·K

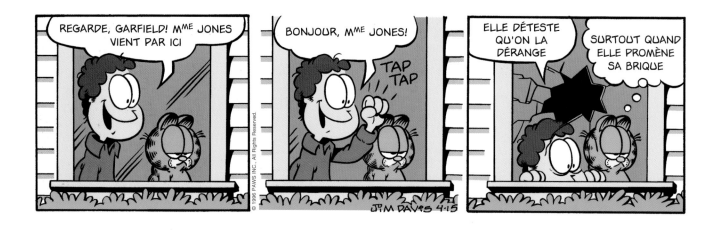

AUJOURD'HUI, JE VAIS PRÉPARER MON POTAGE-SURPRISE

« QU'Y A-T-IL DE SURPRENANT À CE POTAGE? », DEMANDEZ-VOUS

VOYEZ, CE PETIT HOMME À L'INTÉRIEUR DU CHAUDRON

DEVINEZ QUI A ENCORE BU L'EXTRAIT DE VANILLE?

JE NE PLIE PAS DEVANT LES POTS-DE-VIN

DEVANT LES MENACES, PAR CONTRE, JE PLIE! SAUTE SUR MOI, PETIT!

LE SOLEIL A OUBLIÉ DE SE LEVER! LA TERRE EST PLONGÉE DANS LES TÉNÈBRES!

LE MERCURE CHUTE! LA VÉGÉTATION FLÉTRIT! LA FAMINE APPROCHE!

ЧAAAAAAAAAHHHH!!!!

CERTAINS JOURS, JE SUIS HEUREUX QU'IL NE PARLE PAS

CROC
CROC
CROC
CROC

PCHTT!
PCHTT!
PCHTT!

TU VIENS D'ÉCRASER MES CROQUE MATIN

JE NE SUPPORTE PAS LE BRUIT LE MATIN

ODIE, CE LIVRE T'APPREND-IL QUELQUE CHOSE?

OUAH!

C'EST CE QUE JE PENSAIS

GARFIELD, TU AS LAISSÉ ÉCHAPPER UN DOCUMENT

AH! LE PLAN ULTRA-SECRET EN VUE DE LA DOMINATION MONDIALE DES CHATS!

OUPS... EUH...

MIAOU!

MES CARTES DE CRÉDIT ONT DISPARU

GARFIELD, AS-TU VU MES CARTES DE CRÉDIT?

NON

EUH... JOLI COSTUME!

ITALIEN!

NANCY, JE DONNE UNE PETITE FÊTE

BIEN SÛR, QUE J'Y SERAI!

CLIC

ALLÔ?

À LA FERME, J'AVAIS HENRI, UN ANIMAL DOMESTIQUE

PUIS UN SOIR, HENRI S'EST RETROUVÉ DANS NOS ASSIETTES

J'ADORAIS CE SERPENT!

LES TEMPS ÉTAIENT DURS

JIM DAVIS 5-5

UNE SOURIS!

UN FAUTEUIL!

GARFIELD, IL FAUT PARLER DES SOURIS

DES SOURIS?

AHHH! CES SOURIS-LÀ!

ATTRAPE LA SOURIS!

ES-TU LIBRE LE 25? DISONS, EN FIN DE MATINÉE?

JE SERAI À LA CAMPAGNE. QUE DIRAIS-TU DU 7 VERS 14 HEURES?

ÇA ME VA

JE DEMANDE À MA SECRÉTAIRE DE CONFIRMER CELA AVEC LA TIENNE

EUF

URK!

TOUSSE!
TOUSSE!
TOUSSE!

HACK

HAACK

SUPER! UN
BON-RABAIS!

NAVRÉ D'ÊTRE
ÉCONOME!

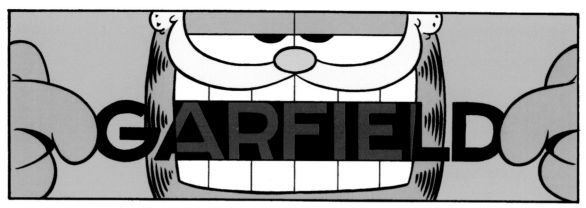

C'EST TA DERNIÈRE CHANCE

JE VAIS ME PESER ET JE VEUX ÊTRE TRAITÉ AVEC RESPECT, COMPRIS?

BIEN SÛR, MONTEZ!

VOUS PESEZ GROS MÔSSIEU!

JIM DAVIS 5-23

DIS-MOI QUE JE NE SUIS PAS GROS!

D'ACCORD! VOUS N'ÊTES PAS GROS

MERCI

OUF! JE SUIS LA HONTE DE TOUS LES PÈSE-PERSONNES AU MONDE

JIM DAVIS 5-24

LA PIZZA FUT LIVRÉE PAR UNE FEMME

JIM DAVIS 5-25

UNE LIVREUSE DE PIZZAS?

ÉPOUSE-LÀ!

VAINE TENTATIVE, GARFIELD!

IL FAUDRA FAIRE MIEUX SI TU VEUX QUE JE TOMBE DANS LE PANNEAU

© 1996 PAWS INC., All Rights Reserved.

LES BLAGUES

DE GARFIELD...

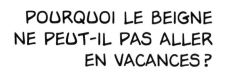

POURQUOI GARFIELD A-T-IL ENGAGÉ UN GARDE DU CORPS POUR ALLER À LA PLAGE?

JON LUI A DIT QU'IL AVAIT BESOIN DE PROTECTION SOLAIRE.

POURQUOI LE BEIGNE NE PEUT-IL PAS ALLER EN VACANCES?

PARCE QU'IL A UN TROU DANS SON BUDGET.

QUI EST LE CHAT PRÉFÉRÉ DES CORDONNIERS?

LE CHAT BOTTÉ.

TOC, TOC, TOC. QUI EST LÀ? MARCO. MARCO QUI?

MARCOCA-COLA, L'HOMME LE PLUS PÉTILLANT DU MONDE.

QU'EST-CE QU'ON OBTIENT EN MÉLANGEANT UNE VACHE À UN GROUPE DE LOUPS?

UNE MEEUUUTE!

QUEL GROUPE NE JOUE PAS DE MUSIQUE?

LE GROUPE SANGUIN.

QUEL EST LE LIVRE PRÉFÉRÉ DES INFORMATICIENS?

LES MÉMOIRES D'UN ORDINATEUR.

QUE DIT MAMAN CONFITURE À BÉBÉ CONFITURE?

VA SUR LE PETIT POT!

COMMENT APPELLE-T-ON UN CHAT PERDU?

UN MINOUBLIÉ.

POURQUOI GARFIELD A-T-IL LES PATTES COLLANTES?

JON LUI A DIT QU'IL AURAIT INTÉRÊT À MARCHER SUR DES ŒUFS.

VOICI VENIR LE VIEIL HIGGINS

ON DIT QUE C'EST LE PLUS INFÂME SALIGAUD

JE CROIS QU'IL EST INCOMPRIS

IL A CADENASSÉ UN CLOWN AU CAPOT DE SA BAGNOLE

DÉSORMAIS, NOUS FERONS LES CHOSES DIFFÉREMMENT DANS CETTE MAISON!

OUAIS...

NOUS FAISONS DES CHOSES DANS CETTE MAISON?

BURP!

GARFIELD, FAIS UN EFFORT ET MANGE AVEC PLUS DE DÉLICATESSE

GARFIELD

BURP
BURP
BURP
BURP
BURP
BURP
BURP

UNE LETTRE DE PAPA!

YOUPI!

LES RÉCOLTES SONT O.K. LES VACHES SONT O.K.

OUAIS, OUAIS

MAMAN A UN ANNEAU À LA NARINE ET JOUE DU SYNTHÉ DANS UN GROUPE APPELÉ LES DENTIERS HURLANTS

RIEN NE CHANGE JAMAIS

JON, J'AI TROP MANGÉ

VITE QUELQUE CHOSE POUR CALMER MON ESTOMAC!

QUE DIRAIS-TU D'UN DESSERT, GARFIELD?

UN VRAI FAISEUR DE MIRACLES!

GARFIELD S'EST BRÛLÉ LA LANGUE

COMMENT EST-CE ARRIVÉ?

IL LÉCHAIT UN GAUFRIER

IL RESTAIT DES MIETTES

Garfield.

© 1996 PAWS INC., All Rights Reserved.

218

REGARDE BIEN CE LANCER, GARFIELD! JE VAIS ÉTABLIR UN NOUVEAU RECORD MONDIAL!

FLING

JIM DAVIS 6-6

ÉCOUTEZ! JE PENSE QU'UNE TRUITE GLOUSSE!

NNNGGGGHHHHHHHH... AAEEEEERRRRRRGGGHHH...

CRI CRI CRI

YOUPI! ÇA Y EST! UNE BELLE PRISE!

VA CHERCHER LE FILET, GARFIELD! LE FILET, VITE!

POUR LE POISSON OU POUR TOI?

JIM DAVIS 6-7

CET APPÂT EST BIEN LAID!

ÇA Y EST!

CE POISSON EST BIEN LAID!

LA LAIDEUR ATTIRE LA LAIDEUR

JIM DAVIS 6-8

JE T'OFFRE CETTE ROCHE POUR TE TENIR COMPAGNIE

PEUT-ÊTRE QUE SON CHARME ET SA CHALEUR DÉTEINDRONT SUR TOI

HI! HI!

HELLO NANCY! SI NOUS ALLIONS AU CINÉ?

DANS CE CAS, TA MÈRE EST-ELLE LIBRE?

EUH... PARLE-MOI UN PEU DE TA GRAND-MÈRE. EST-ELLE... ALLÔ?

REPOUSSÉ PAR TROIS GÉNÉRATIONS

QU'Y A-T-IL, GARFIELD?

HÉ! C'EST TON ANNIVERSAIRE LA SEMAINE PROCHAINE!

C'EST, BIEN SÛR, UNE CHOSE DÉPLORABLE, N'EST-CE PAS?

POUR FÊTER MES 18 ANS À LA FERME, NOUS AVONS FAIT LES FOUS

OH! OH!

MES COPAINS ET MOI AVONS FAIT TRÉBUCHER LES VACHES

HAN HAN HAN

TAP

EUH? EUH? ON RIGOLE OU QUOI?

LES VACHES ONT DÛ SE BIDONNER

HAN HAN HAN

JIM DAVIS 6-23

OUF!

TEMPS HUMIDE!

À QUI LE DIS-TU?

GARFIELD

GARFIELD

QUE VEUX-TU MANGER CE SOIR?

UNE LASAGNE!

DU RIZ VAPEUR?

NON! UNE LASAGNE!

DES POIS ET DES CAROTTES?

L-A-S-A-G-N-E LASAGNE!

JE POURRAIS PRÉPARER UN...

VOICI! DES NOUILLES, DES OIGNONS, DU RICOTTA, UN MOZZARELLA, DES TOMATES ET DU SAUCISSON!

OU PFEUTHÊTRE YUNE WAZAGNGNE?

LÀ, TU PARLES!

JIM DAVIS 7-7

LES CHATS SONT POSSESSIFS

TOUJOURS NOUS DÉLIMITONS NOTRE TERRITOIRE

À MOI

IL SUFFIT D'UN BOUT DE FICELLE POUR FASCINER UN CHAT

JE NE SAIS VRAIMENT PAS POURQUOI

SI CETTE FICELLE ÉTAIT PLUS LONGUE, JE POURRAIS LUI LIER LES POINGS ET FAIRE UNE RAZZIA DANS LE FRIGO

TU MUES

ET TU ME REGARDES MUER

QUI DE NOUS DEUX EST PITOYABLE?

VOS MÈRES PORTENT TOUTES DES COLLIERS À PUCES!

ÇA M'A FAIT GRAND BIEN

NON, NON, ÇA N'EST PAS L'ENDROIT

NON, PAS ICI NON PLUS...

NON... NAN...

NAN... NOOON...

ENFIN, LE VOICI!

Z

JIM DAVIS 7·21

HÉ BEAUTÉ! · **LA FERME!**

CIEL! QUEL BEL OISEAU!

J'AIME LES HOMMES QUI AIMENT LES OISEAUX

QU'EST-CE QUE VOTRE OISEAU ET VOUS FAITES CE SOIR?

VOUS VOULEZ FLATTER MON PERROQUET? · **PARLE-T-IL?** · **J'EN AURAIS LONG À DIRE!**

JIM DAVIS 7-28

JE NE PARVENAIS PAS À FIXER MON CHOIX SUR UNE CRAVATE

ALORS J'AI DÉCIDÉ DE LES PORTER TOUTES!

HÉ-HO! DANSEUR HAWAÏEN! METS UN CALEÇON!

MOMENT D'ENNUI

J'AI TROUVÉ!

MOMENT D'ENNUI AVEC CHAPEAUX

UN RARE INSTANT DE LUCIDITÉ

TOUTE CHOSE QUI MÉRITE D'ÊTRE FAITE, MÉRITE D'ÊTRE BIEN FAITE!

SMACK!

VOILÀ POURQUOI J'EXCELLE À NE RIEN FAIRE!

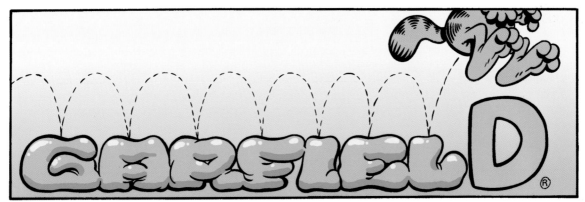

RRRRRRRR

O.K. IL N'Y A QU'UNE FAÇON DE RÉGLER CE DIFFÉREND...

NOUS AVANÇONS DE 10 PAS, ET NOUS RETOURNONS À LA GAMELLE

ET DE... UN... DEUX... TROIS... QUATRE... CINQ... SIX... SEPT...

BOUM

HUIT... NEUF...

RÉPONDONS À CE SONDAGE SUR LES RENCONTRES AMOUREUSES

«SUR QUOI FONDEZ-VOUS LA DÉCISION D'ACCEPTER UN RENDEZ-VOUS?»

DOIT ÊTRE DE LA MÊME ESPÈCE

SAUF AU JOUR DE L'AN...

JE POURRAIS ÊTRE AVEC UNE DONZELLE, SI JE VOULAIS

SUR CETTE PLANÈTE?

J'AI EU PLEIN DE DONZELLES

M. ARBUCKLE, C'EST L'HEURE DE VOS MÉDICAMENTS

OUAIS... J'AI BRISÉ BIEN DES CŒURS

IL SE PRÉSENTAIT AU RENDEZ-VOUS

MARISSA! ICI JON! QUE DIRAIS-TU DE SORTIR AVEC L'AS DU PING-PONG CE SOIR?

JON, JON ARBUCKLE

OUI, L'ANDOUILLE RENCONTRÉE DANS LE PARC

L'AS DU PING-PONG AFFRONTE LA FEMME DE KING KONG!

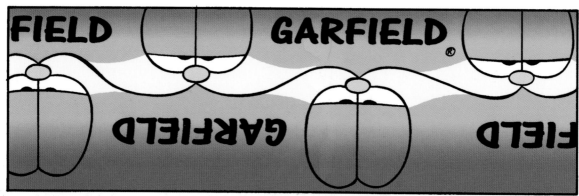

VOUS N'AVEZ PLUS DE FRUITS! ALORS QUOI, MAINTENANT?!

GONK!

SISS SISS SISS SISS

AVEZ-VOUS DÉSAPPRIS À APPLAUDIR?

AVEC QUOI?!

LE CHAPON LUI RÉPOND: «CE N'ÉTAIT PAS UN HARENG, C'ÉTAIT MA TRUITE!»

QUEL NUMÉRO COMPOSES-TU?

LE BIP DE MON IMPRÉSARIO

NE MANGE PAS CE PETIT BEIGNE SANS DÉFENSE

NE L'ÉCOUTE PAS ET RASSASIE-TOI, VIEUX!

FAIS CE QUE DOIS! AGIS SELON TON CŒUR!

JIM DAVIS 8-18

ÇA Y EST, GARFIELD

TU EN AS ASSEZ

ENCORE UNE TASSE?

PLUS DE CAFÉ!

CELA FAIT TROIS BISCUITS POUR TOI

ET LE TIERS D'UN BISCUIT POUR MOI

JE DIRAIS PLUTÔT LA MOITIÉ D'UN BISCUIT!

UN CHAT VIENT PAR ICI!

VITE! CACHE-TOI ENTRE CES DEUX TRANCHES DE PAIN!

JE DOIS TROUVER UNE NOUVELLE APPROCHE OU DES OISEAUX PLUS DÉBILES

COLLECTIONNEZ-LES TOUS !
À PARAÎTRE EN 2013-2014 !